Les Protocoles Fondamentaux
(The Core Protocols)

Un guide vers l'excellence

Basé sur les travaux de
Jim McCarthy et Michele McCarthy

par

Richard Kasperowski

Traduit de l'anglais par Alban Dericbourg
https://github.com/adericbourg/coreprotocols-fr

Table des matières

Avant-propos

Plus j'étudie, pratique et partage les Protocoles Fondamentaux, plus je considère qu'ils constituent la meilleure approche pour atteindre d'excellents résultats dans toutes les facettes de ma vie et plus je me sens aligné avec la vision de Jim et Michele McCarthy : que tous vivent dans l'excellence.

J'ai rassemblé les Protocoles Fondamentaux dans un livre autonome pour les rendre plus accessibles à ceux que j'aime, pour leur permettre de mieux me comprendre, pour que nous puissions pratiquer le *Core* ensemble et pour atteindre l'excellence ensemble.

Merci, Jim et Michele McCarthy ainsi que tous ceux qui ont contribué aux Protocoles Fondamentaux. Vous m'aidez à atteindre l'excellence.

— Richard Kasperowski

Licence

Les Protocoles Fondamentaux (*The Core Protocols*) version 3.03

The Core Protocols : A Guide to Greatness, based on the work of Jim McCarthy and Michele McCarthy

1 Comment utiliser ce livre ?

Ce livre a pour vocation de partager plus largement les Protocoles Fondamentaux. Il consiste en un résumé succinct des Protocoles Fondamentaux dans un livre à prix raisonnable, ainsi qu'un livre électronique. Vous pouvez lire ce guide en tant que tel ou en conjonction avec l'excellent livre de Jim et Michele McCarthy, *Software for your head*, paru en 2001 chez Addison-Wesley et dont ce document est inspiré. Pour les Protocoles Fondamentaux, lisez le *chapitre 2 : Engagements Fondamentaux* et le *chapitre 3 : Protocoles Fondamentaux*.

Ce livre est également un guide pour faciliter l'animation d'ateliers. Ces ateliers visent à vous aider, avec votre équipe, à atteindre l'excellence. Un atelier peut durer de quelques heures à quelques jours ; de longs ateliers peuvent permettre de meilleurs résultats. L'atelier est explicité dans le protocole additionnel, Atelier Express (*Workshop Express*) dans le chapitre 4. Ce chapitre inclut également des éléments issus du *BootCamp Manual V2.3* édité en 2001 chez McCarthy Technologies, Inc. et de correspondances personnelles par courrier électronique avec Jim McCarthy. Pour préparer un atelier, ou pour en apprendre plus à propos des Protocoles Fondamentaux, lisez ce livre intégralement.

Pour profiter pleinement et intégrer les Protocoles Fondamentaux, participez à un *Core Protocols BootCamp*[1]. Cette formation consiste en une session de quelques jours qui aidera votre équipe à concevoir, à mettre en place et à livrer d'excellents produits à temps. Pour organiser ou participer à cette formation, contactez un facilitateur de *Core Protocols BootCamp*.

---

1. Formation aux Protocoles Fondamentaux (NDT)

2 Engagements Fondamentaux

Les Engagements Fondamentaux (*Core Commitments*) ont été définis par Jim McCarthy et Michele McCarthy.

1. Lorsque je suis présent, je m'engage

   a) à avoir conscience de et à communiquer

      i. ce que je veux

      ii. ce que je pense

      iii. ce que je ressens

   b) à toujours chercher efficacement de l'aide

   c) à éviter et à refuser toute transmission émotionnelle incohérente

   d) dès l'émergence d'une idée plus pertinente que celle qui domine à ce moment,

      i. à la soumettre pour qu'elle soit acceptée ou refusée

      ii. à explicitement chercher à l'améliorer

   e) à personnellement soutenir la meilleure idée

      i. d'où qu'elle vienne

      ii. quelle que soit mon espérance de voir une meilleure idée émerger

       iii. quand je n'ai pas de meilleure alternative à proposer

2. Je m'engage à chercher à percevoir plus que je ne cherche à être perçu

3. Je m'engage à tirer parti des équipes, tout particulièrement pour venir à bout de tâches difficiles

4. Je m'engage à parler quand et seulement quand je pense pouvoir améliorer le rapport « résultat / efforts » courant

5. Je m'engage à n'avoir et à n'accepter que des comportements et des échanges raisonnables, axés sur le résultat

6. Je m'engage à quitter les situations moins constructives

    a) quand je ne peux pas tenir les engagements demandés

    b) quand je peux prendre part à quelque chose de plus important

7. Je m'engage à faire maintenant ce qui doit être fait et qui peut effectivement être fait maintenant

8. Je m'engage à avancer vers un but donné et à adapter mon comportement pour l'atteindre

9. Je m'engage à utiliser les Protocoles Fondamentaux (ou mieux) si possible

    a) j'utiliserai de façon appropriée et sans porter préjudice les Contrôles de Protocole

10. Je m'engage à ne jamais blesser — ni à tolérer que quelqu'un blesse — qui que ce soit pour sa fidélité à ces engagements

11. Je m'engage à ne jamais rien faire d'idiot à dessein

3 Protocoles Fondamentaux

3.1 Passer

Passer[1] est un moyen de décliner sa participation à une activité. Utilisez-le chaque fois que vous ne souhaitez pas participer à une activité.

Étapes

1. Quand vous avez décidé de ne pas participer à une activité, dites « je passe ».

2. « Dé-passez » dès que vous le souhaitez. Reprenez l'activité dès que vous savez que vous voulez participer ; dites alors « je participe ».

Engagements

— Gardez pour vous les raisons qui vont ont fait passer.

— Annoncez votre intention de passer dès lors que vous avez pris votre décision.

---

1. En anglais : *Pass*

— Respectez le droit de chacun de passer sans avoir à fournir d'explication.

— Soutenez ceux qui passent en ne remettant pas en question leur décision.

— Si quelqu'un passe, ne le jugez pas, ne l'humiliez pas, ne le harcelez pas, ne l'interrogez pas, ne le punissez pas.

Remarques

— En général, vous ne serez pas aligné avec vos Engagements Fondamentaux si vous passez la plupart du temps.

— Vous pouvez choisir de passer sur n'importe quelle activité. Cependant, si vous avez adopté les Engagements Fondamentaux, vous ne pouvez pas passer sur un vote *Décision* et vous devez dire « je suis présent » durant une entrée.

— Vous pouvez décider de passer même si vous avez commencé l'activité.

3.2 Entrée

Commencez une réunion par une *Entrée*[2]. Vous pouvez également en faire une en tête à tête ou en groupe chaque fois que cela améliorerait les interactions d'une équipe.

Étapes

1. Celui qui a la parole annonce son état émotionnel. Cela peut être :

   — « je suis triste »,

   — « je suis en colère »,

   — « je suis heureux »,

   — « j'ai peur ».

   Il peut en citer plusieurs.

   — Il peut, s'il le souhaite, ajouter une brève explication.

   — Ou, si d'autres se sont déjà exprimé lors de l'entrée, il peut dire « je passe » (*section 3.1 : Passer*).

2. Celui qui a la parole dit « je suis présent ». Cela signifie qu'il prend acte des Engagements Fondamentaux.

3. Le groupe répond « bienvenue ».

Engagements

— Exprimez vos émotions sans les qualifier.

— N'exprimez que vos émotions (ne parlez pas pour les autres).

---

2. En anglais : *Check In*

— N'interrompez pas l'entrée de quelqu'un d'autre : gardez
le silence.

— Ne faites pas référence à l'entrée de quelqu'un d'autre
sans avoir eu son accord explicite.

Remarques

— Dans le cadre des Protocoles Fondamentaux, toutes les
émotions sont exprimées comme des combinaisons de
tristesse, de colère, de joie et de peur.

  — La joie reflète un gain.

  — La tristesse reflète une perte.

  — La colère reflète un problème.

  — La peur reflète l'inconnu.

Par exemple, l'excitation peut être exprimée comme
une combinaison de joie et de peur.

— Soyez aussi profond que possible dans l'entrée. La plupart du temps, vous citerez une ou deux émotions.

— N'essayez pas de minimiser vos émotions. Ne dites pas
que vous être « un peu » en colère ; en revanche, vous
pouvez nuancer : « je suis en colère mais je ressens aussi
de la joie ».

— À moins que le groupe ne soit très grand, si plus d'une
personne participe à l'entrée, il est préférable que tout
le groupe participe également.

— *Inquiet* peut se traduire par de la peur.

3.3 Sortie

Votre présence physique indique que vous respectez les Engagements Fondamentaux. Lorsque vous prenez conscience que vous ne pouvez plus respecter ces engagements ou que vous pensez être plus utile ailleurs, vous devez annoncer la *Sortie*[3].

Étapes

1. Dites « je sors ».

2. Quittez physiquement le groupe jusqu'à ce que vous soyez prêt à rejoindre le groupe à nouveau avec une *Entrée* (section 3.2).

3. Si vous savez lorsque vous allez revenir et que l'information est utile, vous pouvez éventuellement en informer le groupe.

4. Les membres du groupe présents au moment de la sortie ne doivent pas suivre la personne partante. Ils ne doivent pas non plus lui parler ou parler de lui.

Engagements

— Revenez dès que vous êtes en mesure de respecter les Engagements Fondamentaux.

— Revenez avec une *Entrée* sans plus attirer l'attention du groupe sur vous.

— Si quelqu'un sort, ne le jugez pas, ne l'humiliez pas, ne l'interrogez pas, ne le punissez pas.

---

3. En anglais : *Check Out*

Remarques

- Lorsque vous sortez, faites-le aussi calmement et discrètement que vous pouvez pour déranger le moins possible les autres.

- Sortez si votre état émotionnel entrave votre capacité à avancer, si vous n'êtes pas réceptif à de nouvelles informations ou si vous ne savez pas ce que vous voulez.

- La sortie acte votre incapacité à contribuer à cet instant.

3.4 Demande d'aide

La *Demande d'aide*[4] vous permet de bénéficier efficacement des connaissances et des compétences des autres. Demander de l'aide catalyse le lien et la vision partagée. Utilisez-la toujours, que ce soit avant ou pendant la poursuite d'un objectif.

Étapes

1. Le demandeur demande à un autre : « [DESTINATAIRE], veux-tu [DEMANDE] ? ».

2. Le demandeur précise les détails ou les contraintes associées à sa demande.

3. Le destinataire de la demande répond avec OUI, NON ou en proposant une aide alternative.

Engagements

— Commencez toujours votre demande par « veux-tu ».

— Ayez une vision claire de ce dont vous avez besoin ou, si ce n'est pas le cas, indiquez-le en disant : « Je ne suis pas sûr de ce dont j'ai besoin, mais veux-tu m'aider ? ».

— Partez du principe que les porteurs d'aide sont toujours disponibles et qu'il est de leur seule responsabilité de dire NON.

— Dites NON si vous ne voulez pas apporter votre aide.

— Acceptez le NON sans poser de question et sans le prendre personnellement.

---

4. En anglais : *Ask for help*

— Soyez réceptif à l'aide que l'on vous propose.

— Aidez du mieux que vous pouvez, même si ce n'est pas ce que le demandeur a exprimé.

— Reportez votre demande d'aide si vous n'êtes pas en mesure de vous y consacrer pleinement.

— Demandez des précisions si vous ne comprenez pas tous les détails d'une demande d'aide.

— Ne vous excusez pas de demander de l'aide.

Remarques

— Demander de l'aide ne coûte rien. Au pire, un NON ne vous avancera pas ; au mieux, vous avez gagné du temps pour accomplir ou apprendre quelque chose.

— Les donneurs d'aide doivent répondre NON s'ils ne sont pas certains de vouloir aider ; une fois la demande déclinée, ils n'ont rien à ajouter.

— Vous ne demandez jamais « trop » d'aide tant que l'on ne vous l'a pas signifié.

— Si vous doutez de la pertinence de l'aide qui vous est offerte ou si vous ne l'estimez pas utile, ou encore si vous considérez que vous avez évalué l'idée qui vous est proposée et que vous la rejetez, adoptez une attitude de curiosité au lieu d'une opposition automatique « mais... ».

— Demander de l'aide lorsque vous êtes en difficulté montre que vous avez attendu trop longtemps. Demandez de l'aide quand tout va bien.

— Échangez simplement avec quelqu'un, même s'il ne sait rien de votre problème. Il peut vous aider à faire émerger des idées, particulièrement si la demande est de vous faire faire une *Enquête*.

3.5 Contrôle de protocole

Utilisez le *Contrôle de protocole*[5] si vous pensez qu'un protocole est mal utilisé ou lorsqu'un Engagement Fondamental n'est pas respecté.

Étapes

1. Dites « contrôle de protocole ».
2. Si vous êtes en mesure d'expliquer l'usage correct du protocole, faites-le. Sinon, demandez de l'aide.

Engagements

— Dites « contrôle de protocole » dès que vous prenez conscience d'un usage incorrect d'un protocole ou du non-respect d'un Engagement Fondamental. Faites-le indépendamment de ce que vous ou le groupe étiez en train de faire à ce moment.

— Soutenez toute personne demandant un *Contrôle de protocole*.

— Ne blâmez ni n'humiliez personne demandant un *Contrôle de protocole*.

— Demandez de l'aide dès que vous prenez conscience que vous n'êtes pas certain de la façon correcte d'utiliser un protocole.

---

5. En anglais : *Protocol check*

3.6 Contrôle d'intention

Utilisez le *Contrôle d'intention*[6] pour clarifier vos motivations ou celles de quelqu'un d'autre ; utilisez-le lorsque vous craignez qu'aucun résultat positif n'émerge de votre comportement actuel ou du comportement actuel de cette personne. Le *Contrôle d'intention* évalue l'intégrité de votre propre intention ou d'une autre personne dans une situation donnée.

Étapes

1. Demandez : « quelle est ton/mon intention avec X ? », X étant l'attitude de la personne à laquelle vous posez la question.

2. Si cela est pertinent, demandez également : « Quelle réponse ou attitude attendais-tu, et de qui, en réponse à X ? »

Engagements

— Ayez conscience de votre propre intention avant de contrôler l'intention de quelqu'un d'autre.

— *Enquêtez* suffisamment pour révéler les intentions d'une personne ou de ses actes.

— Assurez-vous de vouloir résoudre paisiblement tout conflit potentiel avant de contrôler l'intention de qui que ce soit. Si vous n'avez pas d'intention pacifique, sortez (*section 3.3 : Sortie*).

---

6. En anglais : *Intention check*

— Ne vous mettez pas sur la défensive quand quelqu'un demande à contrôler votre intention. Si vous n'en êtes pas capable, sortez.

Remarques

— Si le conflit qui émerge semble impossible à résoudre, sortez (*section 3.3 : Sortie*) et demandez de l'aide (*section 3.4 : Demande d'aide*).

3.7 Décision

Utiliser le protocole de *Décision*[7] pour amener un groupe immédiatement et unanimement vers un résultat.

Étapes

1. Le proposant dit : « Je propose [PROPOSITION CONCISE, CONCRÈTE ET RÉALISABLE] ».

2. Le proposant dit : « Un, deux, trois ».

3. Les votants votent simultanément parmi les choix :

   — Oui (pouce vers le haut)

   — Non (pouce vers le bas)

   — Je soutiens (main à plat)

4. Les votants qui refusent catégoriquement la proposition disent « je suis absolument contre ». Si cela arrive, la proposition est abandonnée.

5. Le proposant compte les votes.

6. Le proposant abandonne sa proposition si le total de NON et de JE SOUTIENS est « trop grand » ou s'il estime qu'il ne parviendra pas à mener un protocole de *Résolution* à son terme (section 3.8). « Trop grand » suit l'heuristique suivante :

   — environ 50% (ou plus) des votes sont des soutiens ;

   — l'espérance de gain si la proposition est mise en œuvre est inférieure à l'effort nécessaire pour mener un protocole de *Résolution*.

---

7. En anglais : *Decider*

7. Le proposant utilise le protocole de *Résolution* avec chaque personne ayant voté NON en lui demandant : « De quoi as-tu besoin pour accepter cette proposition ? ».

8. Le proposant déclare la proposition adoptée si tous les votants NON changent leur vote en OUI ou JE SOUTIENS.

9. L'équipe est alors engagée dans la mise en œuvre de la proposition et l'obtention du résultat.

Engagements

— Ne proposez qu'un seul point à la fois.

— Restez présent jusqu'à la fin du protocole *Décision* ; gardez en tête que votre attitude joue sur l'avancement du groupe.

— Donnez votre attention pleine et entière à une proposition.

— Ne parlez que si vous êtes le proposant ou que le proposant vous a donné la parole.

— Gardez les raisons de votre vote pour vous durant le protocole.

— Si vous votez NON, révélez-le immédiatement et tenez vous prêt à proposer une meilleure idée.

— Soyez partie prenante de la mise en œuvre de la proposition prise lors d'un protocole *Décision*, même si vous n'étiez pas présent.

— Tenez-vous informé des décisions prises en votre absence.

— Ne discutez ni ne cherchez à convaincre quelqu'un qui a voté NON. Demandez-lui systématiquement de proposer une meilleure idée.

— Soutenez activement les décisions prises.

— Utilisez votre droit de veto à bon escient et avec parcimonie.

— Insistez autant que nécessaire pour que les protocoles de *Décision* et de *Résolution* soient suivis à la lettre.

— Ne passez pas (*section 3.1 : Passer*) durant un protocole de *Décision*.

— Faites toujours en sorte que les choses aillent de l'avant ; gardez en tête qu'elles doivent rester réalisables.

— Ne prenez pas en compte le vote des autres pour choisir votre propre vote.

— Évitez l'utilisation du protocole *Décision* au sein d'un groupe de taille importante. Séparez plutôt le groupe en petits groupes pour prendre les décisions et faites une synthèse avec le groupe dans son intégralité.

Remarques

— Ne votez NON que lorsque vous êtes persuadé que l'apport positif de ce vote compensera le coût (généralement considérable) induit par celui-ci.

— Si vous avez un doute vis-à-vis d'une proposition, apportez-lui un soutien neutre (JE SOUTIENS) et demandez des explications une fois que le protocole est terminé. Si vous avez une proposition plus pertinente à soumettre, ayez confiance en l'équipe pour la soutenir (*chapitre 2 : Engagements Fondamentaux*).

— Évitez de voter NON pour suggérer des améliorations mineures à une proposition globalement acceptable : cela ralentit l'avancement. Apportez plutôt une nouvelle proposition une fois que celle-ci est adoptée ou, mieux, impliquez-vous dans la réalisation de celle-ci pour l'enrichir de vos idées.

— Abandonnez les propositions ne faisant pas l'unanimité. Si une proposition reçoit moins de 70% de votes OUI (approximativement), cette proposition est faible et devrait être abandonnée par le proposant. Il est, cependant, le seul à même de prendre cette décision.

— Chaque fois que vous votez NON, gardez en tête que vous pouvez être le seul à le faire.

— Ne votez NON que lorsque vous considérez que vous avez une contre-proposition significative à soumettre ou lorsque voter autrement ne respecte pas votre intégrité.

3.8 Résolution

Lorsqu'un protocole de *Décision* aboutit avec un petit nombre d'opposants, le proposant mène l'équipe à un protocole de *Résolution*[8] qui vise à faire adhérer, à coût minimal, les opposants à la proposition.

Étapes

1. Le proposant demande à chaque opposant, tour à tour : « de quoi as-tu besoin pour accepter cette proposition ? »

2. L'opposant énonce de façon concise et précise les aménagements qu'il souhaite.

3. Le proposant suggère d'adopter cet amendement ou abandonne sa proposition.

Remarques

— Si les adaptations demandées par l'opposant sont simples, un simple contrôle visuel avec tous les participants suffit à confirmer leur approbation.

— Si les adaptations demandées par l'opposant sont complexes, le proposant retire sa proposition et soumet au groupe une nouvelle proposition intégrant ces modifications.

— Si l'opposant commence par expliquer les raisons de son vote ou toute autre chose que ce qui lui permettrait d'adopter cette proposition, le proposant doit l'inter-

---

8. En anglais : *Resolution*

rompre et répéter : « de quoi as-tu besoin pour accepter cette proposition ? »

3.9 Jeu de la perfection

Le protocole du *Jeu de la perfection*[9] vous aide à mettre en commun les meilleures idées. Utilisez-le lorsque vous souhaitez améliorer quelque chose que vous avez créé.

Étapes

1. La personne à l'origine de la demande de perfectionnement réalise le geste ou présente l'objet soumis à amélioration, éventuellement en précisant « c'est le début » et « c'est la fin » pour indiquer au groupe le début et la fin de la démonstration.

2. Chaque membre du groupe note de 1 à 10 le geste ou l'objet sur la base de la valeur qu'il pense pouvoir y ajouter (10 représentant la perfection).

3. Chaque membre du groupe dit : « J'ai apprécié [...] » et énumère les qualités identifiées, suivies des éléments qui devraient être améliorés.

4. Chaque membre du groupe proposent les améliorations qu'ils estiment nécessaires pour donner au geste ou à l'objet la note de 10 : « pour lui donner 10, cela devrait [...] ».

Engagements

— Acceptez les propositions d'amélioration sans les discuter.

---

9. En anglais : *Perfection game*

— Ne formulez que des commentaires positifs : ce que vous appréciez et ce que vous aimeriez voir apporter pour atteindre un 10.

— Ne mentionnez pas ce que vous n'appréciez pas ni ne soyez négatif d'aucune façon.

— Utilisez une notation qui reflète la capacité d'amélioration plutôt qu'une notation qui reflète votre propre appréciation du geste ou de l'objet.

— Si vous êtes incapable de de citer quoi que ce soit que vous appréciez ou que vous souhaiteriez améliorer, donnez un 10.

Remarques

— Une note de 10 indique que vous ne pouvez rien améliorer. Une note de 5 indique que vous allez proposer une amélioration qui rendra l'objet deux fois meilleur.

— Retenez du protocole *Jeu de la Perfection* qu'il permet d'améliorer un geste ou un objet. Par exemple :

> « Le son idéal d'un claquement de doigts est, pour moi, claquant, avec un volume suffisant qui me surprenne un peu. Pour obtenir un 10, tu devrais améliorer ta netteté. »

— En tant que personne à l'origine de la demande de perfectionnement, vous ne pouvez que poser des questions pour éclaircir ou expliciter certains points. Si certaines idées ne vous conviennent pas, vous êtes libre de ne pas les prendre en compte.

3.10 Alignement personnel

Le protocole d'*Alignement personnel*[10] vous aide à interroger vos désirs en profondeur et à identifier ce qui vous empêche de les satisfaire. Utilisez-le pour découvrir, articuler et obtenir ce que vous souhaitez. La qualité de votre alignement sera en adéquation avec la qualité de vos résultats.

Étapes

1. DÉSIR. Répondez à la question : « qu'est-ce je veux, exactement ? »

2. OBSTACLE. Demandez-vous : « qu'est-ce qui m'empêche d'obtenir ce que je souhaite ? »

3. VERTU. Déterminez ce qui éliminerait cet obstacle en vous posant la question : « quelle vertu – si je l'avais – me permettrait de franchir cet obstacle ? »

4. PAS DE CÔTÉ. Faites comme si cette vertu était effectivement ce que vous souhaitez.

5. ENCORE. Répétez les étapes 2 à 4 jusqu'à la mise en lumière d'une force suffisamment puissance pour éliminer tous les obstacles et vous permettre d'obtenir ce que vous pensiez vouloir initialement.

6. FIN. Écrivez maintenant une phrase explicitant votre alignement personnel sous la forme : « j'ai besoin de [QUALITÉ] ». Par exemple : « j'ai besoin de courage ».

7. SIGNAL. Mettez en place un signal qui permet aux autres d'identifier que vous pratiquez un *Alignement personnel* et fournissez leur une réponse qu'ils peuvent

---

10. En anglais : *Personal alignment*

vous donner pour vous montrer leur soutien.

Par exemple :

> « Quand je fais/dis X, veux-tu faire/répondre Y ? »

Éventuellement, vous pouvez vous entraîner en prévoyant de faire X un certain nombre de fois dans la journée où X est une activité qui vous demande d'incarner votre alignement.

8. PREUVE. Écrivez dans des termes précis et observables la preuve sur le long terme de votre incarnation de cet alignement.

9. AIDE. Demandez de l'aide à tous les membres de votre groupe. Ils peuvent vous aider en vous donnant la réponse dont vous avez besoin lorsque vous donnez le signal que vous êtes en train de vous exercer.

Engagements

1. Choisissez un alignement qui *vous* demande de changer mais qui ne demande pas aux autres de changer.

2. Identifiez des obstacles et des désirs qui vous sont personnels.

3. Identifiez des obstacles qui, une fois passés, impactent radicalement votre efficacité dans la vie, au travail et dans vos loisirs.

4. Choisissez une vertu qui vous concerne et, idéalement, en un seul mot. Exemples : intégrité, passion, soin de vous-même, paix, amusement.

5. Demandez de l'aide à des gens qui connaissent votre alignement ou dont vous connaissez l'alignement.

6. Identifiez une preuve observable par une tierce personne objective.

Remarques

— Les alignements personnels les plus courants sont l'intégrité, le courage, la passion, la paix, la connaissance de soi et le soin de soi-même.

— Si vous avez des difficultés à identifier ce que vous souhaitez, vous pouvez vous aligner sur « je veux mieux me connaître ». Cela ne vous fera jamais de mal.

— Vous trouverez vos obstacles personnels en vous-même. Ils ne dépendent pas du contexte ou d'autres gens. Partez du principe que vous pouvez avoir ce que vous voulez dès maintenant et que cet obstacle n'est qu'un mythe qui vous empêche de révéler votre potentiel.

— Dans l'idéal, identifiez des preuves de votre alignement à court terme et à long terme. Écrivez les résultats que vous observerez immédiatement (ou peu de temps après) mais aussi ceux que vous observerez dans au moins cinq ans – voire plus.

— À défaut d'autre chose, vous pouvez signaler à vos coéquipiers ou aux gens qui sont autour de vous que vous vous exercez sur votre alignement. S'ils ne connaissent pas le protocole, dites-leur simplement quelle qualité vous êtes en train de développer et demandez leur de l'aide.

— Lorsque les membres d'une équipe travaillent sur leurs alignements personnels ensemble (lorsqu'ils s'aident mutuellement), la dernière étape du processus est plus puissante lorsqu'elle prend la forme d'une cérémonie.

3.11 Enquête

Le protocole d'*Enquête*[11] permet de creuser un phénomène que l'on observe chez quelqu'un d'autre. Utilisez-le lorsque l'attitude de quelqu'un vous semble déplacée, étrange ou simplement intéressante.

Étapes

1. Faites comme si vous étiez un enquêteur détaché mais fasciné, posez des questions jusqu'à ce que votre curiosité soit satisfaite ou que vous ne souhaitiez plus poser de questions.

Engagements

— Formulez bien vos questions.

— Ne posez que des questions qui visent à mieux comprendre les choses.

— Ne posez des questions que si votre interlocuteur est partie prenante ou semble prêt à vous en dire plus.

— Retenez-vous d'exprimer la moindre opinion.

— Ne posez pas de question orientée, particulièrement si vous savez quelle réponse vous allez obtenir.

— Si vous ne parvenez pas à rester détaché, curieux et sans arrière-pensée, interrompez le protocole jusqu'à ce que vous puissiez à nouveau respecter ces engagements.

---

11. En anglais : *Investigate*

Remarques

— Évitez d'élaborer une théorie ou de poser un diagnostic.

— Dans la mesure du possible, posez des questions de la forme :

  — « Qu'est-ce qui [...] ? »

  — « Veux-tu me donner un exemple concret ? »

  — « Lorsque [...], comment ça se passe ? »

  — « Qu'attends-tu le plus de [...] ? »

  — « À propos de [...], qu'est-ce que tu considères comme le plus gros problème ? »

  — « Qu'est-ce qui t'aiderait tout particulièrement avec [...] ? »

— Les questions suivantes, par exemple, sont inefficaces :

  — Questions orientées, ou qui reflètent une intention.

  — Questions dont vous sous-entendez la réponse.

  — Questions qui invitent à se raconter des histoires.

  — Questions commençant par *pourquoi*.

— Tenez-vous en à votre intention d'obtenir plus d'informations.

— Si vous ne pouvez pas vous empêcher de donner votre avis, ne parlez pas du tout. Envisagez d'appliquer un protocole de *Contrôle d'intention* ou de *Sortie*.

4 Aller plus loin, protocoles

L'Atelier Express (*Workshop Express*) a été élaboré par Richard Kasperowski. Toutes les autres informations et protocoles du chapitre 4 ont été élaborés par Jim McCarthy et Michele McCarthy.

4.1 Atelier Express (*Workshop Express*)

Appliquez le protocole d'*Atelier Express* afin de faciliter et participer à un atelier court pour initier une équipe aux Protocoles Fondamentaux. Cet atelier vise à faire progresser vers l'excellence les individus et les équipes. Puisque ÉQUIPE = PRODUIT, vous atteindrez plus facilement vos objectifs, tant individuellement que collectivement.

Étapes

1. Une ou deux semaines avant l'atelier, le facilitateur fournit à l'hôte et aux participants un exemplaire de ce livre et leur soumet un exercice. L'exercice consiste à lire et comprendre le contenu de ce livre avant d'assister à l'atelier et, éventuellement, lire *Software for Your Head*[1].

2. Les participants font cet exercice avant de se rendre à l'atelier.

3. L'hôte et le facilitateur s'assurent que chaque participant leur a rendu un exemplaire de la *Charte d'Engagements Personnels* signé.

4. L'hôte commence l'atelier en en annonçant l'objectif. Typiquement, l'objectif est de s'améliorer individuellement pour atteindre ensemble l'excellence en tant qu'équipe et obtenir ainsi d'excellents résultats.

5. Le facilitateur précise qu'il s'agit d'une version « express » d'une Formation aux Protocoles Fondamentaux

---

1. Il n'existe, à ma connaissance, pas de traduction française de cet ouvrage (NDT).

(*Core Protocols BootCamp*). Cette formation en immersion se tient sur cinq jours et vous transforme, vous et votre équipe, en une équipe capable de concevoir, mettre en œuvre et livrer d'excellents produits en temps et en heure. Cet atelier express est une version raccourcie du *BootCamp*. Nous utiliserons les Protocoles Fondamentaux, ainsi que des protocoles supplémentaires en vue d'atteindre des résultats similaires en un temps bien plus court. L'atelier se déroule ainsi :

a) Présenter les Protocoles Fondamentaux.

b) S'engager en conscience à se soutenir soi-même.

c) S'engager en conscience à se soutenir mutuellement.

d) Identifier et articuler tous ensemble votre Vision Partagée.

6. Présenter les Protocoles Fondamentaux.

a) Le facilitateur présente les Protocoles Fondamentaux. Les Protocoles Fondamentaux regroupent un ensemble d'attitudes de base qui, pratiquées ensemble, aident les individus et les équipes à obtenir d'excellents résultats.

b) Le facilitateur insiste sur l'importance du protocole *Passer*.

c) Le facilitateur liste les Engagements Fondamentaux.

d) Le facilitateur et les participants font une *Entrée*.

e) Le facilitateur insiste sur l'importance du protocole de *Demande d'aide*. Le facilitateur joue un rôle passif pour le reste du l'atelier : il n'aide que lorsque cela lui est demandé.

f) Le facilitateur explique le protocole de *Contrôle de Protocole*. Durant la suite de l'atelier, les participants utilisent entre autre les protocoles de *Contrôle de Protocole* et de *Demande d'aide* pour s'assurer qu'ils comprennent les Protocoles Fondamentaux et qu'ils les utilisent correctement, ainsi que pour progresser vers l'objectif qu'ils se sont fixé.

7. Soyez une personne excellente. Gagnez en connaissance de vous-même et engagez-vous à vous soutenir vous-même. Les participants utilisent entre autres le protocole d'*Alignement personnel Express* (section 4.3) pour mettre en lumière ce qu'ils souhaitent à titre personnel.

8. Soyez une équipe excellente. Gagnez en connaissance de votre équipe et soutenez-vous les uns les autres. Les participants utilisent entre autres la *Toile d'Engagement Express* (section 4.4) pour s'aligner en tant qu'équipe et célébrer cet alignement.

9. Atteignez d'excellents résultats. Identifiez et développez votre Vision Partagée tous ensemble. Les participants pratiquent entre autres les protocoles *Décision* et *Jeu de la Perfection* pour aligner et articuler leur Vision Partagée.

10. Célébrez !

Engagements

— Créditez Jim et Michele McCarthy pour les Engagements Fondamentaux (*Core Commitments*), les Protocoles Fondamentaux (*Core Protocols*) et toutes les informations complémentaires ci-dessous.

— Le facilitateur doit avoir suivi au moins une Formation aux Protocoles Fondamentaux (*Core Protocols Boot-Camp*).

— Cet atelier n'est pas une formation complète. Seul un facilitateur certifié par McCarthy peut mener une Formation aux Protocoles Fondamentaux.

Remarques

— Une fois que vous avez suivi les protocoles d'*Alignement personnel Express*, de *Toile d'Engagement Express*, que vous vous êtes alignés et avez formulé votre Vision Partagée, vous êtes déjà une équipe excellente, prête à réaliser des choses excellentes !

— Former des petits groupes pour vous aligner sur votre Vision Partagée. Des groupes de cinq personnes ou moins fonctionnent mieux.

4.2 Engagements personnels

Paraphez chaque engagement et signez en bas de la page pour indiquer que vous acceptez les articles suivants.

1. SÉCURITÉ — Je prendrai soin de moi-même, de ma vie privée et de la sécurité au cours de cette formation. J'ai conscience de pouvoir passer sur quoi que ce soit et que je peux sortir à tout moment sans conséquences.

   Paraphe ....

2. ÉQUIPE — J'ai le désir d'en apprendre plus sur moi-même, la dynamique de groupe et mes coéquipiers, et je souhaite apprendre ce que le formateur a à m'apprendre à ce sujet. Au cours de cette formation, je mettrai de côté mon incrédulité et, en tant que stratégie d'apprentissage, je partirai du principe que les idées qui me sont présentées sont justes. Je veux apprendre efficacement et j'accepterai les conseils du formateur. Je m'abstiendrai de tout commentaire durant la formation.

   Paraphe ....

3. CULTURE FONDAMENTALE — J'ai pris connaissance des Engagements Fondamentaux et des Protocoles Fondamentaux qui seront évoqués au cours de cette formation. J'adhère aux Engagements Fondamentaux et aux Protocoles Fondamentaux pour la durée de cette formation. Cela inclut que j'attends de tous les membres de mon équipe qu'ils adhèrent aux Engagements Fondamentaux et aux Protocoles Fondamentaux.

   Paraphe ....

4. DURABILITÉ — Si l'un des engagements ci-dessus me semble faux maintenant ou au cours de la formation, j'en ferai part au formateur pour résoudre cela immédiatement.

Paraphe ....

Nom ....Date ....

4.3 Alignement Personnel Express

À l'instar du protocole d'*Alignement personnel*, le protocole d'*Alignement Personnel Express* vous aide à interroger vos désirs en profondeur et à identifier ce qui vous empêche de les satisfaire. Utilisez-le pour découvrir, articuler et obtenir ce que vous souhaitez. La qualité de votre alignement sera en adéquation avec la qualité de vos résultats.

Étapes

Première partie

Réalisez les étapes 1 à 6 seul (30 minutes)

1. Qu'est-ce que vous VOULEZ ?
   a) Quels OBSTACLES vous empêchent d'obtenir ce que vous VOULEZ ?
   b) Quelle QUALITÉ vous permettrait de franchir cet OBSTACLE ? Choisissez parmi les suivantes :
      — Connaissance de soi (si vous ne savez pas quoi choisir, choisissez celle-ci : c'est que vous en avez besoin)
      — Intégrité
      — Courage
      — Passion
      — Paix
      — Prestance
      — Soin de soi
      — Amusement

— Sagesse

— Santé

(Note : dans votre choix d'une qualité, partez du principe que allez l'acquérir à court terme. Faites comme si le simple fait de vouloir l'avoir la fera apparaître. Par exemple, si vous choisissez la passion, vous serez passionné. Vous maîtriserez la passion. Elle n'aura plus de secret pour vous. Votre passion sera parfaitement adaptée à votre vie. Vous serez un modèle et un maître en matière de passion. Vous profiterez des fruits d'une vie passionnée.)

2. Éventuellement, pour approfondir :

   a) La QUALITÉ que vous avez choisi devient ce que vous VOULEZ (*ie* « La QUALITÉ X est maintenant ce que je VEUX »).

   b) Reprenez à l'étape 1 en utilisant ce postulat.

   c) Itérez autant de fois que nécessaire :

      i. jusqu'à avoir identifié la qualité qui vous permette de franchir l'obstacle initial ;

      ii. ou jusqu'à ce que vous ayez envie d'arrêter.

3. Mon ALIGNEMENT : je veux ....
   Écrivez la QUALITÉ identifiée comme votre alignement.

4. Mon SIGNAL : qu'allez-vous dire ou faire pour indiquer

   a) que vous vous apprêtez à travailler sur votre alignement ?

   b) que vous vous apprêtez à parler de votre travail d'alignement ?

   c) que vous fêtez votre alignement ?

Par défaut : « Je travaille sur mon alignement : QUALITÉ ».

5. La RÉPONSE que vous attendez des autres lorsque vous émettez ce signal : quelle réaction attendez-vous de vos collègues à ce moment ? Comment peuvent-ils vous soutenir dans votre travail d'alignement et votre nouvelle attitude ?

   Par défaut : « Quand j'annonce SIGNAL, m'exprimerez-vous votre soutien et, si je le souhaite, m'accorderez-vous un peu de votre temps ?

6. Une PREUVE observable que vous avez atteint – ou que vous travaillez sur – votre alignement.

   Choisissez des changements ou des réalisations que les autres peuvent observer. Des preuves au sens légal du terme.

   Par défaut : « Je serai en mesure de présenter un bilan d'avancement de mon alignement que me fourniront [NOMS DES PERSONNES] tous les [INTERVALLE].

Seconde partie

Réalisez les étapes 7 à 8 en binômes ou en trinômes (60 minutes)

7. Mettez-vous avec un ou deux coéquipiers que, de préférence, vous ne connaissez pas très bien mais que vous souhaitez mieux connaître. Utilisez durant une heure le protocole *Enquête* (section 3.11) pour identifier ce que chacun de vous désire, les obstacles auxquels il fait face et son alignement. Si vous le souhaitez, vous pouvez organiser vos échanges en fenêtres de 10 ou 15 minutes. N'hésitez pas à revoir votre alignement. Vous pouvez égalent vous séparer et vous joindre à d'autres groupes – toujours en mode *Enquête* – si le temps le permet et si cela est pertinent. Acceptez votre vulnérabilité, soyez

curieux.

8. Fixer votre alignement.

4.4 Toile d'Engagement Express

Note : sincérité, profondeur, passion et vulnérabilité sont essentielles. Plus il y en a, meilleurs seront les résultats de l'équipe.

Étapes

1. Définissez un espace rituel.

2. L'équipe s'installe en silence dans cet espace.

3. Les membres de l'équipe, chacun à leur tour :

   a) DISENT — « je veux aligner [QUALITÉ] »

   b) PROPOSENT — Du fond du cœur, toute émotion, toute pensée, tout sentiment qui décrit ce choix d'alignement.

   c) DEMANDENT DE L'AIDE — Demandez à chacun de vos coéquipiers, chacun son tour :

      « Quand je SIGNAL, veux-tu RÉPONSE ? »

      ou (éventuellement et) anticipez sur votre demande d'aide vis-à-vis de cet alignement.

   d) Quand tout le monde est passé par les étapes 3a à 3c et que tous les membres du groupe ont connaissance des demandes d'aide, la *Toile d'Engagement* est en place.

4. Pour pratiquer la *Toile*, chaque membre réalise l'exercice suivant. Au cours de la formation, ou, éventuellement après, en présence des autres membres du groupe, informez-les que vous travaillez sur votre alignement en émettant votre signal. Vous pouvez également le faire par e-mail.

4.5 Vision partagée

N'entreprenez rien tant que vous n'avez pas une *Vision Partagée*. Pour cela, vous aurez besoin des protocoles *Entrée* (section 3.2), *Décision (section 3.7)* et *Alignement personnel* (section 3.10). Ce que vous entreprendrez ensuite sera excellent. L'*Alignement Personnel* est le procole qui vous demandera probablement le plus de temps lors de la formation. Et c'est tout à fait normal. Venir à bout de l'*Alignement Personnel* et de la *Vision Partagée* garantira que votre équipe atteindra sa productivité maximale lorsqu'elle sera dans la phase usuellement appelée « développement », mais qui est, en pratique, la phase finale du développement.

État de Vision Partagée

Lorsque tous les membres de votre équipe ont réalisé un *Alignement* et une *Toile d'Engagement*, l'équipe atteint un état de *Vision Partagée*. Cet état s'observe par la façon dont l'équipe s'aligne, se fait confiance au lieu de se contrôler et fait au lieu de discuter. Lorsque la *Vision* est partagée, vous échangerez plus efficacement avec les membres de votre équipe et vos productions respectives s'emboîteront naturellement. Vous remarquerez que vous « voyez comme une seule et même personne ».

Déclaration de Vision Partagée = Déclaration de Vision à long terme

La *Déclaration de Vision à long terme* décrit le monde que votre équipe construit. Elle fait partie des livrables de votre équipe en état de *Vision Partagée*.

La *Vision à long terme* différencie le *court terme* et le *long terme* lorsque vous construisez votre vision. Une fois que vous avez établi une vision à long terme, vous êtes en mesure de mettre en place des visions à plus court terme qui décrivent les étapes que vous allez suivre pour l'atteindre. Ce sont les *Versions* de votre produit.

Utilisez les protocoles de *Vision Partagée*

Profitez de l'aide disponible autant que vous pouvez. Ne vous arrêtez pas lorsque la *Toile d'Engagement* est établie même si vous avez l'impression qu'aucune aide supplémentaire ne vous semble utile.

Avant de continuer, assurez-vous que votre *Toile d'Engagement* est terminée. Faites évaluer la qualité de celle-ci par des consultants pour déterminer si vous pouvez aller plus loin.

Utilisez les protocoles de *Décision* (section 3.7) et le *Jeu de la Perfection* (section 3.9) pour vous aider à atteindre une *Vision partagée* à long terme :

— qui soit concise (moins d'une dizaine de mots).

— qui donne au lecteur une idée de l'impact qu'elle aura lorsqu'elle sera réalisée. Exemples :

« Un ordinateur sur chaque bureau »

« Un homme sur la Lune »

— qui soit une phrase « choc », qui frappe le lecteur et réponde à l'un de ses besoins. Le lecteur répond « Oui ! » lorsqu'il le lit et réalise qu'il souhaite que cela arrive. Exemple :

« Un monde sans fil »

Attendez-vous à de la friction, cela fait partie du *Rejet de la Vision Partagée*. Une fois que votre équipe partage une *Vision*, il est préférable qu'une partie de ses membres travaillent sur sa déclaration pendant que d'autres travaillent sur l'implémentation du produit.

Définir une Vision à long terme

— Une fois votre *Alignement* défini avec votre équipe, rédigez une déclaration qui exprime de façon claire pour tous le changement que vous voulez pour le monde une fois que votre travail ensemble est terminé. Vos outils seront les protocoles *Décision* (section 3.7) et *Jeu de la Perfection* (section 3.9).

  — La vision à long terme ne s'exprime qu'avec des mots. Pas avec un symbole, une chanson...

  — La vision à long terme doit être imaginative. Projetez-vous aussi loin dans le futur que possible. Vingt ans est un bon point de départ mais cette échéance est probablement au-delà de ce que vous êtes en mesure d'extrapoler. Cela doit rester néanmoins un travail d'intention et d'imagination, pas une analyse.

  — La vision à long terme doit être mesurable. Dans l'idéal, son avancement devrait lui aussi l'être. Le résultat attendu devrait être directement mesurable : une chose ou un événement observable comme par exemple « un homme sur la Lune ». Il peut également être plus diffus et difficile à mesurer, comme « Créer une bande passante infinie et gratuite ». Votre vision à long terme peut viser à développer des valeurs, difficiles mais néanmoins mesurables : « éliminer la pauvreté », « une démocratie radicale omniprésente ».

— La déclaration de cette vision à long terme doit tenir en très peu de mots, idéalement moins de 10. Si elle en fait plus de six, demandez-déjà à votre équipe de la réévaluer.

— Cette déclaration doit être percutante engager le lecteur (elle doit susciter une réponse viscérale). Il s'agit d'un message marketing à destination du reste du monde exprimant en quoi le monde sera différent grâce à votre travail.

— L'équipe doit soutenir cette vision à l'unanimité en passant par un protocole de *Décision*.

— Établissez maintenant une vision du produit, une déclaration de votre vision pour la première version. Les préconisations vis-à-vis de la déclaration de vision partagée s'appliquent. La *déclaration de version* décrit les principaux leviers que l'équipe va actionner pour atteindre sa vision à long terme.

— Les déclarations de vision et de version constituent la matière première de vos messages à destination de l'extérieur de l'équipe. Clarté et vivacité sont nécessaires pour de telles déclarations. Elles doivent transmettre tout ce qui est nécessaire de façon concise dans une phrase facile à comprendre et à mémoriser.

Exemples de déclarations de vision à long terme et de version

DÉCLARATION DE VISION À LONG TERME	DÉCLARATION DE PREMIÈRE VERSION
Envoyer un homme sur la Lune	Mettre un homme en orbite
Un ordinateur sur chaque bureau	Un ordinateur sur chaque bureau de notre entreprise
La paix dans le monde	La paix dans notre famille
Un monde sans fils	Des téléphones sans fil pour toute notre équipe

Achevez votre Vison Partagée

Ne travaillez pas ni n'acceptez de travailler sur un produit tant que votre *Vision Partagée* n'est pas terminée. Elle est terminée lorsque votre travail sur votre *Alignement* et votre *Toile d'Engagement* est terminé.

Vos managers ne demandent que ça, c'est pour cela qu'ils ont engagé quelqu'un de chez McCarthy Technologies, Inc pour vous aider. Ainsi, ne promettez rien et ne faites rien même si vous pensez que cela satisfera vos managers à court terme.

À la première occasion, votre manager vous demandera si vous avez profité au maximum des consultants et si vous avez compris et suivi leurs conseils. Si ce n'est pas le cas, vous aurez le sentiment d'avoir perdu votre temps car vos managers insisteront sur le fait qu'il faut que vous profitiez pleinement de toutes les ressources disponibles pour ce projet.

Souvenez-vous :

— Vos managers remarqueront rapidement que vous ne dites pas la vérité.

— Vos managers seront capables d'identifier que vous n'avez pas de *Vision Partagée*.

— Vos managers sauront que vous n'avez pas demandé d'aide (*section 3.4 : Demande d'aide*).

— Vos managers sauront toujours que vous faites semblant de savoir quelque chose que vous ne savez pas.

— Vos managers seront plus durs avec vous lorsque vous serez sur la défensive et se détendront lorsque vous leur direz la vérité et que vous serez réceptif.

Profitez des avantages de votre état de vision partagée

Le *Rejet de la Vision Partagée* incitera l'équipe à retomber dans ses vieilles habitudes de travail. Des habitudes prises dans un monde où il n'y a que très peu de visions partagées, comme par exemple :

— Manquer de confiance et penser que le travail des autres ne sera pas acceptable si vous ne le supervisez pas. Refuser de travailler en petits groupes.

— Vouloir mettre en place un quelconque processus.

— Vouloir « brainstormer » au lieu de suivre l'intuition de l'équipe en sa capacité à livrer.

Avec une *Vision Partagée*, vous pouvez abandonner la plupart des habitudes que vous avez prises pour contrôler les choses au travail. Une fois que cette vision est définie, nous vous recommandons :

— De constituer des sous-équipes. Votre travail restera en phase car vous restez connectés et que vous partagez la même vision.

— De parler simplement de vos bonnes idées au fil de l'eau : nul besoin de maîtriser la discussion en en faisant une session de « brainstorming ».

— De suivre les visionnaires. Certains membres de l'équipe auront immanquablement des idées pour le produit que vous développez. Implémentez-les. Il n'y a pas d'inconvénient à faire quoi que soit tant que votre équipe est en état de *Vision Partagée*.

— Assurez-vous que quelqu'un comprend ce que vous proposez. Comment cette idée se traduit-elle en termes financiers ?

— Mettez à profit vos connaissances relatives aux processus pour améliorer vos livrables mais n'engagez pas de discussion relative aux processus eux-mêmes ni ne dépensez l'énergie de l'équipe à essayer de les convaincre d'en utiliser un.

— Commencez à faire des choses. Vous y verrez plus clair au fur et à mesure que vous développez votre produit. « Planifier » est généralement une mauvaise idée.

— Assurez-vous d'éliminer toutes les peurs. Toute votre équipe a épuisé ses ressources créatives ? Neuf fois sur 10, quelqu'un n'a pas partagé une bonne idée à cause d'une peur quelconque.

— Attendez la grande idée. Si les idées semblent toutes demander un gros effort, attendez et détendez-vous. Il y aura bien une meilleure idée qui résoudra ces problèmes et demandra moins d'efforts.

— Utilisez régulièrement le *Jeu de la Perfection* en petites sous-équipes. Ce protocole demande trop de temps et ne permet pas d'obtenir d'aussi bons résultats en grands groupes.

À propos de l'auteur

Richard Kasperowski soutient que tous les développeurs et que toutes les équipes sont excellents. Il intervient en tant que Coach en transformation des entreprises, Coach agile et facilitateur en Open Space en aidant les gens, les équipes et les organisations à comprendre ce qu'ils ont à leur disposition, à identifier et à aligner ce qu'ils souhaitent et à transformer ce qu'ils ont en ce qu'ils veulent. En tant que coach, manager et coéquipier, il a travaillé avec les plus grandes (et les plus petites) entreprises technologiques du monde en les aidant à améliorer leurs résultats.

En savoir plus sur Richard :

— Twitter `@rkasper`

— Web `https://kasperowski.com/`

— E-mail `richard@kasperowski.com`

www.ingramcontent.com/pod-product-compliance
Lightning Source LLC
Chambersburg PA
CBHW071238240726
48654CB00009B/1114